ヴィットリオ・メッソーリ著

「聖母のメダイ」に導かれた あるユダヤ人の劇的回心

(Un Ebreo e una Medaglia)

ローマの小さな聖堂で起きた奇蹟

JN061387

まえがきに代えて

今、「ラチスボンヌの回心」を語るわけ

　1800年代の教会には多大な影響を及ぼしたかもしれないが、今日では単に忘れ去られているだけでなく、まるで恥ずかしい出来事であるかのように記憶から消し去られてしまっている "「聖母」のとりなしによって成就したある出来事" について、改めて光を当てるのは、有益なことかもしれない。

　つまり、1842年に教皇のおひざ元・ローマで起きた想像を絶する回心の物語、若きユダヤ人アルフォンス・ラチスボンヌのカトリックへの電撃的改宗とその前後の出来事について話したいと思うのだ。

　現在の教会の雰囲気の中で「改宗」について話すことは、エキュメニズム的には "場違い" の観があり、それがユダヤ人に関する話とあっては、なおさらそう思われるかもしれない。ある人たちは、「人はそれぞれ自分がそれまで身を置いてきた宗教的（あるいは無宗教的）伝統の中で生き、死ぬべきだ」と考える。多くの国には、宗教指導者の中にさえ、教会に入るためカトリックの門を叩こうとする人々を思いとどまらせようとする動きがあるが、それも決して偶然ではない。

　しかしながら、神のお考えは明らかにそれらとは異なり、人間の同意を待つまでもなく聖旨(みむね)のままに統(す)べ給う。司祭になり、死ぬまでの40年間以上もの間キリスト者としてのつ

とめを十全に生きたことによって、自身の存在のありかたを急激に変えた「不思議な出来事」の確かさ——従ってその信憑性——を証明したのは、ユダヤ人であったラチスボンヌ氏自身である。

その出来事の直後、教皇は奇蹟調査担当の枢機卿に命じ、規定に則った調査を行わせた。そして最終的に、「『不思議のメダイ』に描かれている姿で現われた聖母によって得られたラチスボンヌ氏の電撃的改宗は、奇跡的なものであった」と認められた。

カトリーヌ・ラブレの不思議な体験との相似

結果的にみれば、この不思議な出来事は、パリのバック通りにある修道院で、当時修練女だったカトリーヌ・ラブレに起きた、不思議な聖母出現と直接的な関連を持っている。これらの出来事からある種の連鎖が始まり、聖母が自分自身を「無原罪の御宿り」と定義したルルドでのよく知られている出現も、決して無関係ではないように思われる。

事実、聖母がカトリーヌに委託したメダイには、1854 年に初めて教義と決定された「ああ、***原罪なくして宿らせ給う聖マリア***、あなたに依り頼む我らのために祈り給え」と刻まれていたことを、私たちは知っている。

いずれにせよ、バック通りでの出現（1830 年 7 月〜 11 月）の後に始まった連鎖の最初の輪は、パリの「勝利の聖母教会」の教区司祭、シャルル・デュフリッシュ・デジェネットのインスピレーションであったと思われる。1800 年代前半

ご出現を描いた画布

LE.20.IANVIER.1842
ALPHONSE.RATISBONNE.DE.STRASBOURG
VINT.IÇI.IVIF.OBSTINÉ
CETTE.VIERGE.LVI.APPARVT
TELLE.QVE.TV.LA.VOIS
TOMBÉ.IVIF
IL.SE.RELEVA.CHRETIEN
ETRANGER
REMPORTE.CHEZ.TOI.LE.PRECIEVX.SOVVENIR
DE.LA.MISERICORDE.DE.DIEV
ET.DE.LA.PVISSANCE.DE.LA.VIERGÉ

　の数十年間パリ市内の小教区で働いていたこの牧者は、自分の司牧する教会が人々から見捨てられていることに苦しんでいた。

　1836年12月3日、聖母の祭壇でミサを立てている時、彼は「あなたの小教区をマリアの聖なる汚れなき御心（みこころ）に奉献しなさい」と命じる声を心の中で聞いた。善良な主任司祭は錯覚だと思ったが、ミサの司式を終え香部屋に戻った時、再びその声が聞こえた。『もはや、空耳（そらみみ）などではない』——彼は早速（さっそく）、「無原罪のマリアの御心に奉献された信心会」を立ち上げることを決めた。

　その会は瞬（またた）く間に、説明がつかないほどの速さで世界中に拡がり、僅（わず）か数年で2000万人を超える入会者を得た。この会の会員は、各自が「ラブレの不思議のメダイ」を常に身につけ、それに刻まれている「無原罪の御宿り」に捧げる祈りを、少なくとも1日に一回唱えることを、規則として義務づけられている。

アルフォンスに与えられた
「不思議のメダイ」

筋金入りの若きユダヤ教徒

実兄は聖母崇敬を推進する司祭だった

　実際、この不思議な出来事のその後の展開は、そのすべてが時には明白なかたちで、また時には目立たない何千もの糸で、本書が冒頭で報告し次いでローマで 1842 年 1 月 20 日に実証された「聖アンドレア・デッレ・フラッテ教会で起きた出来事」と繋がっている。

　スペイン広場と、後にピウス 9 世教皇が定めた教義を記念して「無原罪の聖母」に捧げられる有名な柱が建てられている場所のすぐ近くにあるこの聖アンドレア教会（永い間『聖フランチェスコ・ダ・パオラのミニモ修道会）が管理していた）で、28 歳のアルフォンス・ラチスボンヌの衝撃的な改宗は起きた。

　聖母マリアは、この若いユダヤ人が挑発的にからかい半分で首に架けることに同意したあの有名なメダイに描かれたそのままに、腕を下げ、手のひらを開いた姿で、彼に現われたのであ

テオドール・ラチスボンヌ司祭
（アルフォンスの実兄）

る。

　ラチスボンヌ家は、ストラスブールにある大きなユダヤ人コミュニティーの中では、最も裕福で影響力のある家族の一つだった。彼の実兄のテオドールは若くしてキリスト教に改宗して聖職を目指し、聖カトリーヌ・ラブレへの聖母出現と同じ年の１８３０年、司祭に叙階された。テオドール神父は、勝利の聖母教会の主任司祭の主要な協力者の一人となり、無原罪の聖母に対する信心の熱烈な推進者、疲れを知らぬ司牧者として、弟のアルフォンスにも毎日それを勧めた。その結果、後述のとおり一つの祈りが、聖母自身の出現よってセンセーショナルに認められることになっていく。

　青春時代のアルフォンスは、自他共に認めるユダヤ教徒だった。信仰内容に傾倒したというよりも、儀式と伝統に忠実で、イスラエルにいる同胞の支援と贖いのため全力で闘うべきだと感じていた。したがって彼のキリスト教一般に対する──特にカトリックに対する──敵意は、ただ隠されていないだけでなく、むしろ公然と表明されていた。

　成人して社会的地位を得たアルフォンスは、従姉妹のフローレと恋に落ち、他の何よりも優先される愛ゆえに、二人は結婚を望んで、式の日取りを決めた。そして結婚する前に先祖たちの地を見ることを思い立ち、彼はエルサレムまで、独身時代最後の旅をすることを決めた。その度で予定外の計画変更となったのは、訪問先にローマを追加したことだった。他意のない、若者の選択……

ローマに到着したのは、1842年「主のご公現の祝日」。彼が最初に訪れた場所の一つは、4000人以上もユダヤ人が住むユダヤ人ゲットーだった。このことは、既に活発で戦闘的だった彼の"カトリックと教皇支配に対する敵意"をさらに強めさせた。

　ローマでラチスボンヌは——気乗りはしなかったのだが——ローマの霊性を糧にするためにやってきたフランス人の熱心なカトリック信者グループ（その多くは改宗者）に出会った。その巡礼団員の一人に、実兄・テオドールの友人がいたからだ。兄の友人はルーテル派からの改宗者でド・ブッシエール男爵といい、兄と同じく神父となっていた。ド・ブッシエールは、巡礼仲間の友人たちにラチスボンヌを紹介し、この若いユダヤ人のために祈るよう半ば義務づけただけでなく、——ほとんど賭け事の乗りで——あの有名な「不思議のメダイ」を彼の身につけさせるよう説得することに成功した。

　それだけではない。聖ベルナールの「メモラーレ……」という言葉から始まる有名な祈りを書き写す約束を、ラチスボンヌから取り付けた。

　それは、

「思い起こしてください、ああ、いと慈しみ深き乙女マリアよ。あなたに庇護を求めて駆け寄る者、真剣に助けとご保護を求める者を、　あなたがお見捨てになったという話は、この世ではいまだかつて聞かれたことがないことを。」

　に始まり、

「ああ、乙女の中の乙女、ああ、私の母よ、この信頼に勇気

づけられ、あなたのみ腕の中にわが身を委ねます。そして、私の罪の重さに呻きながらあなたの足元にひれ伏します。ああ、みことばの母よ、私の祈りを退けることなく、憐れみ深く聴き入れ、それを叶えたまえ。アーメン」

と続く。

この祈りの多くの部分が、たくさんの善意ある人々の心に対して密かに大きな役割を担い、神のみぞ知る恵みの前兆となったので、私たちが今も嬉々としてその全文を暗唱しているのは周知のとおりだ。

テオドール・ド・ブッシエール

聖母出現——聖アンドレア教会の堂内での出来事

"知人"に誘われて訪れたローマ市内の聖堂で

アルフォンスは、馬車によるナポリへの出発（そこから船でインスタンブールへ、そしてさらにそこからパレスチナへと向かうため）を既に予約していたにもかかわらず、不思議な力に押されて、さらに数日の間ローマに留まることを決意した。

1842年1月20日の昼近く、ド・ブッシエール神父に連れられて聖アンドレア・デッレ・フラッテ教会を馬車で訪れたアルフォンスは、知人（カトリック信者に対する彼の不信感は大きく、ド・ブッシエール神父を友人とは見なしていなかった）が修道士たちとその日行われる葬儀の打ち合わせをしている間、馬車に残っているように、と彼に言った。しかし駁者と二人きりになると、彼は教会の中を見たいという好奇心に突き動かされるまま馬車を降り、聖堂の中へ入った。

そしてまさにそこで、全く予想外にも、彼の人生を生涯にわたって根本的に覆すことになる「稲妻のような衝撃」がアルフォンスを襲ったのである。

精力的な取材と執筆で知られる歴史作家、ルネ・ローランタン氏が最も確かな資料に基づいて再構築した文章（彼はこの出来事を再現し批判的に分析するため、何年も費やしている）を引用して、主人公のアルフォンス自身に語らせよう。「不意に、妙な胸騒ぎに囚われるのを感じ、私の前にベール

聖アンドレア・デッレ・フラッテ聖堂：ご出現の祭壇

が降りるような情景を見た。まるでひとつの礼拝堂にすべての光が集まったようであったことを除けば、教会の中は暗く感じられた。

どのようにしてその礼拝堂の手すりの前に跪いたのかは自分でも分からない。実際にはその直前まで、私は教会のもう一方の側にいて、私と礼拝堂の間には、葬儀のために準備されていた道具が通路を塞いでいたのだから。

とにかく、眩いほどに輝いている光の方に目を向けると、祭壇の上に、私が身につけるようにと与えられた不思議のメダイの姿と身振りに似た〈生き生きとして、素晴らしく壮麗で美しい、乙女マリア〉が、憐れみ深い雰囲気を纏って立っているのが見えた。

何度もその女性の方に目を上げようとしたが、その輝きと敬う気持ちが目を伏せさせた。しかしそのことは、聖母出現の明白な事実を感じることの妨げとはならなかった。そこで、その方の手を凝視した私は、そこに赦しと哀れみの表情を見出した。

彼女はその同じ手で、私に『跪いたままでいるように』と合図していた。しかし抵抗し難い力がその女性の方へと私を突き動かし、私の身体はその方の御前にあった。その方はまだ一言も発しておられないのに、自分が感じた当時の戦慄すべき状態や、わが身の罪の醜悪さ、福音に対する信仰が持つ美しさなどを一瞬にして理解した。一言で言えば、一瞬にして全てを会得したのだった。」

アルフォンスの証言は続く。

「どのようにして、一瞬で信仰の理解をなし得たかは説明できない。ただ私に言えるのは、その方（かた）の手の一瞬の仕草で、私の目を覆っていた"目隠し"が取られたことだ。それも一つだけではなく、私を覆っていたたくさんの目隠しが、雪や氷や泥水が太陽の強い日差しの下ですぐに消えるように、次々と跡形もなく消えた。その瞬間、私は、目の前にしている深淵の奥深くに、尽きることのない憐れみの御業によって救われることになる『極限の惨めさ』を、一瞬だけ垣間見たのだった……」

「ラチスボンヌの劇的な証言は、私が生涯にわたり繰り返すことを愛した一節、『その方は何も言われなかったが、私は全てを理解した 』(Elle ne m' a rien dit, mais j' ai tout compris）で終わった。」—— ルネ・ローランタン氏による「ラチスボンヌの証言」はそう結ばれている。

　ラチスボンヌが劇的回心を果たしてからほとんど一世紀の後、少なくとも一部にユダヤ人の血が混じっているもう一人のフランス人、アンドレ・フロサールも、全く予期していなかったにもかかわらず起こり、その影響が生涯にわたって続く、根本的で瞬時的な回心を体験した。
　この神秘的な現象は、フロサールの場合もラチスボンヌ同様、言葉を伴わない「純・視覚的なもの」だった。フロサールは「何も聞こえなかったが、一瞬で全てを理解した」と何度も証言し、ラチスボンヌが体験した出来事との類似性を認

めている。付け加えておくが、彼は無神論者、ないしは不可知論者として知られる存在だったのだ。

　1800 年代と 1900 年代を生きたどちらのフランス人も、出現を体験するまではカトリックについて（知らないまま嫌<ruby>悪<rt>けん</rt></ruby>して過ごした結果）具体的な知識など全く持っていなかったのに、その後カテキズムの説明を受けると、「そこでの教育はすでに神秘的な幻視で理解したことをただ確認したに過ぎなかった」と、まったく同じ内容の証言をしている。

司祭として、修道者として──回心後の生き方

ラチスボンヌの話に戻ろう

　ラチスボンヌは、それから11日後、洗礼の秘跡に与かった。彼はまるで「洗礼を受けたいという熱望」（その重要性は彼が回心した瞬間に明らかとなった）の虜になったかのようだった。「マリア」という単純な洗礼名を戴き、イエズス会に入会した後も彼はその霊名を捨てなかった。

　1848年、ラチスボンヌは司祭に叙階された。それから数年の間は──彼も彼の上長たちも満足して──会に留まったが、兄のテオドール神父（前述したように1830年、司祭になっていた）がユダヤ教徒を福音への回心に導くために「ノートル＝ダム・ド・シオン修道会」を創設（同会は現在も活動している）すると、この修道会に合流するため、教皇ピウス9世の許可を得てイエズス会を退会した。聖母マリアのとりなしに信頼し、弟の回心を疑わなかった兄と、新たな歩みを始めたばかりの修道会で再会を果たしたときの感動を、ラチスボンヌは後にこう語っている。
「私たちは30分以上、互いに一言も発することができないまま、幸福感と感謝の念に浸され、むせび泣きながら同じ台に跪いたままでした」

　二人が一緒に取り組んだ事業の中に、パリに設立した「求道者のための寮」がある。東方の大きな定住地から、西側に

「コンスタンティン・パトリツィ枢機卿によってアルフォンス・ラチスボン
ヌに授けられた洗礼」の画布

移住してきたユダヤ人の群衆の中には、自分と子供たちのために キリスト教的な教育を望む者がたくさんいた。中には彼が青春時代にそうであったように、キリスト教に背を向ける若者が少なくなかったので、彼はそんな若者たちに聖母のとりなしと慈しみを願い、福音の真髄を伝えようと力を尽くした。

　アルフォンス神父は、教会の伝統上「マリアがエリサベットを訪問した場所」とされている聖地、エン・カレムで1884年に70歳で亡くなったが、彼はその生涯の最晩年に残した言葉の中で、こう言っている。

「私の聖母マリアに対する信頼は、人間的に見れば無謀とも思われるほど篤いものになっていた。私は、主への取り次ぎにおいて全能である聖母を、愛する兄弟たちに示す"何らかの印"になること以外は、何も望まなかった」

　私がポール・クローデルの日記の中に見つけた1950年3月14日付「覚え書き」に記された言葉は、実に興味深い。

「神の御摂理は、回心したユダヤ人であるアルフォンス・ラチスボンヌ神父が、ピラトも座った裁判官席（Lithostrotos）、すなわち『見よ、この人を』"Ecce Homo"とピラトが言った場所で、ユダヤ人が『その血の責任は、我々の上と我々の子孫の上にある！』と叫んだ正真正銘の石畳を、彼がエルサレムで購入した廃墟と瓦礫の下に発見する名誉を、彼のために取っておかれたのだった。」

　実際、ラチスボンヌ兄弟によって1856年にエルサレムで

購入されたその土地は、福音的歴史上最も有名な場所の一つ、つまり〈過越祭の前の金曜の朝、ピラトがイエスに死刑の決定的判決を言い渡した〉まさにその場所であることが明らかとなったのだ。

　回心した兄弟の、聖地での活動は絶えることがなかった。彼らは宣教と司牧活動はもちろんのこと、孤児をはじめ生活の手立てを失った若者たち全般（回教徒、ユダヤ人、キリスト者を問わず）のための有益な活動を行い続けた。

「聖母の取り次ぎによる卓越した奇蹟」

ローマ教区裁判所の裁定布告

　そんな兄弟を批判したり嘲（あざけ）ったりする向きがいなかったわけではない。中傷はテオドール神父の上に──そしてアルフォンス神父の上にはより多く──集まった。ルネ・ローランタン神父の証言によれば、（一部は今なお未公開のままだが）ローマ教区「信仰教義部会」の記録保管所には、この"前代未聞の厄介な回心者"の生涯をつけ回して誹謗（ひぼう）中傷する証言の関係書類一式が保管されている。

　実際、彼の大勢の家族やヨーロッパのあらゆる地域に散在しているイスラエル人の一部からの反対は、暴力的で執拗なものだった。結婚の準備をして彼を待っていたかつての婚約者、フローレからの冷ややかな仕打ちは最も辛いものだった。婚約不履行──人間的な愛情を断念するアルフォンス神父のこの勇気ある決断は、他の事柄と共に、カトリック・ローマ教区宗教裁判所の審理に委ねられ、結果としては彼の回心の実在性と力強さを保証するものとなった。

　数多くの記録が次々と審理され、数ヵ月にわたる調査が行われた後、コンスタンティノ・パトリツィ枢機卿は（1842年６月３日付の）「アルフォンス・ラチスボンヌ氏のユダヤ教からの瞬時的で完全なる回心は、聖処女マリアの取り次ぎによって全能の神が行われた卓越した奇跡であることは、完全な真実である」という布告に署名し、結審した。

常に「マリア神父」と呼ばれることを望んでいた彼の生涯に付きまとった（ユダヤ教の環境だけに由来するものではない）名誉棄損的"証言"には、彼の回心を決定づけた「聖母出現」を"病理的現象"と看做して矮小化しようとする、ありふれた、くだらない心理学的、もしくは精神分析学的な指摘がさらに付け加わっているが、本稿はそれに関する議論に立ち入らない。ここは、1842年1月20日の数分間の出来事の際に爆発したエネルギーがどういったものだったかを思い出し、さらにギトン氏にしたがって、「ダマスコの門前でタルススのパウロに起こった出来事が繰り返された」と考えるだけで十分だろう。

　死に至るまで42年の間（生前望んでいたように『聖母の月』である5月に彼は帰天し、墓には彼の希望どおりに *Père Marie* だけが記載された）、アルフォンス・ラチスボンヌ神父は一度も彼の身に起きた出来事の真実を疑ったことはなく、犠牲と祈りを捧げる生活に忠実で、修道者として観想と司牧者としての活動に、同時に専念していた。そんな日々のいつ、いかなる時も「キリストの御母」の名前を耳にするだけで、彼の目は感動と感謝に潤んだ。

　死の少し前、アルフォンス神父の口を衝いて、こんな言葉が飛び出したことがある。
「どうしてあなたたちは治療で私を苦しめるのか。至聖なる乙女が私を呼んでおられ、私はその方を必要としている。私はマリア様だけを望んでいる。その方こそが私にとって全て

コンスタンティノ・パトリツィ枢機卿を描いた画布

なのだ！」

　臨終が近づくにつれ、「自分は罪人である」と繰り返しつつも、あの遠いローマの冬の僅かな瞬間、彼に出現した光輝く婦人とようやく再会するために、彼を看病していた人に「この世を去ることを恐れてはおらず、かえってそれを望んでいる」と打ち明けていた。

　この切々たる表現には、「あの洞窟は、私にとって天国でした」と語ったベルナデッタの痛切な思いを想起させるものがある。アルフォンス神父に起きたことを単なる「幻影」、または「病理的現象」として精神科医や精神分析学者が扱うべきケースだったとしたら、その影響がこれほど深く、長く続き得ただろうか。ローマ・聖アンドレア礼拝堂で起きた「閃光」に対する彼の数十年にわたる忠実さこそが、まさに何よりの反証となっている。

事実を想起してさらに "疑惑" を払拭する

　アルフォンス神父の最晩年に記録されているこれらの会話・発言の他に、多くの証言が、聖アンドレア・デッレ・フラッテ教会での出来事にまつわる神秘を立証するのに貢献し、さらなる疑惑を払拭している。

　知ってのとおりこの回心は、教会内においてさえ、ある人たちからは好まれず、今日では話題にしてほしくないと思われている。他にもさまざまな妨害や不信を拡散する試みを受けながらローランタン神父が行った出来事の再現は、少なからぬ事実を明らかにした。

聖アンドレア・デッレ・フラッテ教会バジリカの内陣

ご出現の記念碑にラテン語で刻まれた碑文

HEIC . LOCI .
DEIPARA . VIRGO . ADPARUIT
ALPHONSO . RATISBONNE . JUDAEO . ARGENTINENSI
VIDIT . ET . CREDIDIT
XIII . KAL . FEBR . MDCCCXLII

MINIMI . FRATRES . A . S . FRANCISCO . DE . PAULA
TEMPLI . CUSTODES
NE . TANTAE . REI . MEMORIA . EXCIDERET
PICTURAM . MONUMENTI . LOCO
P . C .

聖母がその上に現わ
れた祭壇布を納めた
聖遺物入れ

それについては、以下のことを想起するだけで十分だろう。

　アルフォンスの証言を引用すれば、彼が話したとおり聖堂内の身廊を塞いでいた葬儀の備品は、彼が礼拝堂祭壇前で突然起こった不意の出来事に出くわすことを妨げるはずだった。当時のアルフォンスから見て "友人" でしかなかったテオドール・ド・ブッシエールがその教会を訪れたのは、他でもない、その葬儀の最終打ち合わせをするためだったのだ。しかし、アルフォンスはそのことを知らされておらず、ましてや亡くなった人物の名前など知る由もなかった。

　突然、聖なる乙女の出現という事態が出来し、気が動転したアルフォンスは首に掛けていたメダイに接吻しながら、神の愛や乙女の慈しみに対する感動の言葉をとりとめなく口にしながら、出口の方に誘導されたとき、「棺台を振り向いて『この方は私のためにどれほど祈ってくれたことか』と大声で叫んだ」と、裁判所で宣誓して証言した。「この方」とは、ラ・フェロネイス伯爵のことだ。伯爵はかつてブルボン王朝最後のフランス国王、シャルル 10 世の下で大臣を務めたこともある熱心なカトリック信者で、二日ほど前に、突然の心臓発作で亡くなったのだった。彼の友人らは、ストラスブルグの若いユダヤ人（訳注：アルフォンスのこと）について小声で噂し合った。

　その話題の主・アルフォンスが、自分の聴罪司祭にある許可を願い出ていた事実が、彼の死後初めて明らかになった。その許可願いというのは、「ある人の回心のため、自分のいのちを捧げるこができるように」というものだったが、直

接面識のなかったあるイスラエル人の救霊は、彼にとって、それほどに大事なことだったのである。

　アルフォンスが衝撃的な出来事に遭遇したとき「一瞬ですべてを理解した」と言っていたその全ての中には、「聖アンドレア教会で準備されていた葬儀が不思議にも彼の神秘的体験と関連があった」という啓示も明らかに含まれている。神は、ラ・フェロネイス伯爵の英雄的な捧げものを受け入れられた。こうして、著名な故人が生前その一員であったカトリックの団体の祈りを、神が聞き届けられたように、パリの勝利の聖母大聖堂の祈りも成就した。

　この回心について神学的かつ哲学的な省察に満ちた本を上梓したジャン・ギトン氏が「諸聖人の通功による奇蹟」について話す時、彼は誤ることはなかった。信仰の観点からすれば、アルフォンスの周囲に広げられた「祈りと誓願の網」に神が介入の手を伸ばされたのは事実であり、他の多くの場合もそうであるように、それは聖母の取り次ぎを通して行われたものだったのだ。

ラ・フェロネイス伯爵

HEIC EST POSITVS
PETRVS M. AVGVSTVS DE LA FERRONAYS
COMES
NATVS MACLOVIOPOLIS ARMORICORVM
PRID. NON. DECEMB. MDCCLXXVI
ROMAE VITA EST DEFVNCTVS
XIII K. FEBR. AN. CHR. MDCCCXXXXII
QVARTO POST DIE INLATVS HVC EST
QVA DIE HEIC IBIDEM
ALPHONSVS RATISBONNE
SECTAE IVDAICAE ERRORIBVS COGNITIS
IESVM CHRISTVM EST PROFESSVS
ET TE MORTALEM ESSE MEMORARE

ピエトロ・M・アウグスト・デラ・フェロネイスの墓碑

IN QUESTA CAPPELLA
LA MADONNA APPARVE
ALL' EBREO
ALFONSO RATISBONNE
CONVERTENDOLO A CRISTO
IL 1842

アルフォンス・ラチスボンヌの胸像

献　辞

　近隣の観光名所——スペイン階段や"骸骨寺"——とともに、ローマ市内中心部にありながら、古色蒼然とした灰色の壁をまとって建つ聖アンドレア・デッレ・フラッテ教会は、迷路のような道路の角にあるせいか、巡礼者でも見過ごしてしまうような、ひっそりとした佇まいです。

　20世紀前半の日本で出版宣教の嚆矢となり、聖母マリアの熱心な崇敬者としても知られる聖マキシミリアノ・マリア・コルベ神父が、所属修道会本部のあるローマに滞在する機会を捉えては、しばしば一人でこの聖堂を訪れ、静かに頭を垂れていたことを、同じ修道会の後輩である私も聴き知ってはいましたが、イタリアならどこにでもありそうなこの小さな聖堂が、なぜ聖コルベの深い祈りの場となっていたのかは、長い間、謎のままでした。

　しかし、最近ローマを巡礼した信者さんが偶然この聖堂に入り、堂内に置かれていたイタリア語版の「聖堂紹介小冊子」を持ち帰られました。"お土産"としてそれを戴いた私は、何気なくページを開いて目を通した瞬間、それまで胸の奥にあった長年の謎が氷解していくのを感じたのです。

　そこでこの小冊子を日本語に訳し、聖コルベや彼が愛した「不思議のメダイ」に心を寄せておられる皆さまと、感動を分かち合いたいと発起し、この冊子を編んだ次第です。

2022年1月20日

コンベンツァル聖フランシスコ修道会　司祭

水 浦 征 男

2825409 - Realizzazione e stampa B.N. Marconi - Genova - Tel. 010 6515914
Finito de stampare nel mese de luglio 2009

「聖母のメダイ」に導かれた

あるユダヤ人の劇的回心 定価（本体 200 円＋税）

発行日　　2022 年 4 月 1 日（初版）

著　者　　（原著）Vittorio Messori　©Vittorio Messori　2020
　　　　　（日本語版）水浦征男　©Ikuo Mizuura　2022

翻　訳　　谷口幸紀

編集者　　諸田遼平

発行人　　山内継祐

発行所　　株式会社フリープレス　関越事業所
　　　　　〒355-0065　埼玉県東松山市岩殿 1103-51
　　　　　☎ 049-298-8341　Fax049-298-8342
　　　　　e-mail　info @ freepress.co.jp

発売所　株式会社星雲社（共同出版社·流通責任出版社）

ISBN　978-4-434-30248-0　C0016